La Licorne
et
Les Fleurs

Sandrine Adso

La Licorne
et
Les Fleurs

La célébration de la beauté s'exprime dans un parfum de femme
et dans la nature de tout ce que je voudrais être pour toi.

FSC
www.fsc.org
MIXTE
Papier issu
de sources
responsables
Paper from
responsible sources
FSC® C105338

Édition : BoD - Books on Demand, info@bod.fr
Impression : BoD – Books on Demand, In de Tarpen 42,
Norderstedt (Allemagne)
Impression à la demande
ISBN : 978-2-3225-0534-0
Dépôt légal : Octobre 2023

Si chaque fleur possède, au moins un symbole
De part principalement ses différentes corolles.
Elle est, de façon générale un symbole du principe passif :
Le calice de la fleur est comme la coupe, ouverte en orifice,
Le réceptacle de l'activité céleste la pluie et la rosée.
Qui conjugue à la fois beauté et bienfait.
En outre, le développement de la fleur
À partir de la terre et de l'eau assemblées
Traduit un épanouissement vainqueur
Qui symbolise la manifestation.
Une alchimie qui correspond
À cette fusion générée.

Saint-Jean de la Croix fait de la fleur
L'image des vertus de l'âme
Le bouquet qui les rassemble dans sa forme et sa senteur
Étant celle de la perfection spirituelle, une flamme.

Pour Novalis[1] la fleur est le symbole de l'amour
Et de l'harmonie caractérisant la nature primordiale de chaque jour.
Elle s'identifie au symbolisme de l'enfance
Et à celui de l'état édénique par lequel tout commence.

Le symbolisme tantrico-taoïste de la Fleur d'or
Est celui de l'atteinte d'un état spirituel très fort :
La floraison est le résultat d'une alchimie intérieure
De l'union des éléments conciliateurs
L'essence (tsing) et du souffle (k'i), de l'eau et du feu.
Ces énergies qui contribuent à rendre heureux.

---

[1] *Heinrich von Ofterdingen*, roman inachevé du poète romantique allemand Novalis, qui sera publié après sa mort par son ami Ludwig Tieck en 1802.

"La fleur d'or est la lumière,
Et la lumière du ciel est le Tao
[L'émanation première
Qui réunit le bas et le haut].
C'est là que se trouve la vésicule germinale
C'est là que l'essence et la vie sont une unité.
[Une naissance matrimoniale
Qui va germer].
La naissance du processus alchimique
Se produit lorsque l'obscurité donne naissance à la lumière".
Il s'agit d'une loi à la fois spirituelle et physique
Qui associe les éléments complémentaires.

La fleur d'or est une métaphore
Faisant référence à un certain type d'alchimie
[Dans la lumière d'or
Du matin sur la vie]
À une transformation intense
[Qui rétablit les équivalences].

La philosophie taoïste affirme qu'il existe une énergie spirituelle
Nous transcendant tous, nous mortels.
Une lumière qui symbolise notre conscience.
Ouvrant la porte à notre inconscience.

Pour réveiller cette lumière ou notre fleur d'or
Nous devons méditer encore et encore
Et mener à bout des exercices qui sont présentés dans le texte original
Comme l'alchimie énergétique.
Peut-être la transformation du mal
En énergie bénéfique.

Ces exercices continus nous permettraient petit à petit
De concentrer notre lumière, notre énergie,
De la conformer

Et de la faire germer
En fleur dorée.

La fleur d'or nous amène à laisser de côté
Notre esprit occupé et conditionné par la société
Afin d'accéder à un esprit plus élevé,
Libre, créatif, voire même céleste.
Mais qui sait rester modeste.

"La lumière s'infiltre toujours
Dans des tourbillons qui nous appartiennent nuit et jour.
Notre conscience se répand
Dans notre environnement,
Dans ce que nous désirons,
Dans ce dont nous rêvons
Ou dans ce qui nous entoure,
[La perception de ce qui fait la nuit
Être nuit,
Et de ce qui fait le jour
Être jour].
Nous devons centrer notre esprit vers l'intérieur
[Afin de permettre à la fleur dorée de s'ouvrir à la lumière]
Et de réveiller la conscience première".
La conscience étant le premier pas vers le bonheur,
Quelquefois engourdie par une trop forte inconscience,
Qui poserait trop de choses en latence.

Nous devons aprendre à calmer notre esprit
Afin d'ouvrir notre cœur à la vie.
Pour calmer le bruit de nos pensées,
il faudrait pratiquer la respiration profonde : inspirer, expirer
Calmer notre esprit suppose du temps.
Et apprendre à devenir patient.

Une fois que le silence interne sera atteint, la réflexion arrivera.
À cet instant nous prendrons contact avec l'esprit de notre corps-soma
Avec le piédestal où se situe notre conscience
Et avec lequel il est bon de travailler régulièrement dans la même constance.

Le secret de la fleur d'or est basé sur la pratique régulière de la méditation.
À un moment donné, lorsque ce travail minutieux, dans la précision
Aura éliminé une à une les couches ayant piégé
Et conditionné notre esprit, la névrose de la société
Nous visualiserons un mandala
Une figure contenant ce symbole alchimique resplendissant
Qui existe depuis la nuit des temps
Qui nous libérera :
La fleur dorée
Comme support de la méditation espérée.

La fleur est identique à l'Élixir de vie
La floraison est le retour au centre à l'unité
Au centre, à l'état primordial du fini et de l'infini.
La lumière dans toute sa beauté[2].

Dans le rituel hindou, la fleur pushpa
Correspond à l'élément éther de l'au-delà
Ou du cinquième élément.
Outre la méthode et l'attitude spirituelle
Qui lui sont essentielles
L'art japonais des fleurs et de leur arrangement
Comporte un symbolisme très particulier :
La fleur y est effectivement considérée
Comme le modèle du développement de la manifestation,

---

[2] Merci Lucine.

De l'art spontané, le summum de la création,
Sans artifice et cependant parfait
Simplement créé.

Comme aussi l'emblême du cycle végétal,
Résumé du cycle vital
Et de son caractère éphémère ;
L'arrangement lui-même s'effectue selon un schéma tertiaire :
Le rameau supérieur est celui du Ciel,
Le rameau médian celui de l'Homme
Le rameau inférieur celui de la Terre.

Ainsi s'exprime le rythme de la triade universelle
Dans laquelle l'Homme
Est le médiateur entre le Ciel et la Terre.
Pas d'arrangement vivant en dehors de ce rythme naturel.
Comme ces trois forces naturelles doivent s'harmoniser
Pour former l'univers
Dans sa symbolique de beauté
Le Ciel, l'Homme, la Terre.

Tel est le monde vrai de l'Ikebana[3].
Mais il en existe un monde coulé ou complexe, aux tiges descendantes
Cet arrangement de fleurs tend à exprimer la pente déclinante
De la vie.
Il en est ainsi.
L'ikebana peut aussi bien exprimer un ordre cosmique
Que les traditions des ancêtres ou des sentiments de joie
D'ordre bénéfique,
Ou de tristesse
Que la fleur dessine dans l'espace sans cesse.

---

[3] Depuis le XIVème.

Une autre école[4] vise surtout à arranger
Les fleurs, en les faisant tenir debout.
L'élan des fleurs symboliserait la foi en Dieu et l'éternité
En l'empereur, l'épouse ou l'époux.

Au début, les bouquets sont raides, notent les maîtres de Rikka[5]
En deça et au-delà
*"Une fleur vit chaque instant insaisissable
Dans l'attente d'être regardée [admirable].*

*En silence, elle ne parle qu'à ceux qui la regardent [la trouvent belle et pure]
Et savent pénétrer la nature.
C'est ainsi que nous arrangeons les fleurs
En écoutant les mots silencieux [et leurs couleurs]"*[6].

Si l'on classe les bouquets en styles, formels, semi-formels et informels
Il apparaît que les notions qu'ils expriment ne sont véritablement formelles.
Que l'on peut rapprocher du symbolisme de la fleur montrée par le Bouddha
À Mahâkashyapa,
Et qui tenait lieu de toute parole et de tout enseignement :
À la fois résumé du cycle vital et en même temps
Image de la perfection à atteindre,
De l'illumination spontanée ; expression même de l'inexprimable.

On ne peut dépeindre
Que des éléments très vagues sur le symbolisme floral
Du monde celtique vraisemblable.
Il a existé car les fleurs entrent quelquefois, tant bien que mal

---

[4] Du VIIIème au XIVème.
[5] Le moine Senmu et ses disciples en art floral ont créé un centre qui au cours de l'histoire est resté très célèbre : le Rokkaku Dô à Kyoto. Le 45ème grand maître, Ikenobô Senkei, continue d'enseigner les règles de l'école selon lesquelles il faut exprimer les mouvements des fleurs sauvages dans les champs, l'harmonie du bleu du ciel, la brillance de l'eau ou la couleur des iris que l'on choisit pour contraster avec les reflets de la lune dans la clarté de l'été finissant.
[6] Ikenobô Senkei.

Dans des comparaisons de formes ou de couleurs,
Mais on ne peut rien en dire de précis.
Une Galloise, Blodeuwedd, et une irlandaise, Blathnat portent le nom de fleur
L'une, créée par magie d'un grand nombre de fleurs,
Est la femme du dieu Llew, et elle le trahit
Au profit d'un seigneur du voisinage,
Lui-même un peu volage
L'autre, l'irlandaise est la femme du roi du monde Cùroi,
Qu'elle n'aime pas
Et elle le trompe pour l'amour de Cùchulainn, le valeureux
Sur qui elle a posé ses yeux.

La fleur semble être ici un symbole d'instabilité,
Non d'une versatilité
Qui serait propre à la femme,
Comme une flamme
Mais de l'instabilité essentielle de la créature
Vouée à une évolution perpétuelle,
Et tout particulièrement du caractère fugitif de la beauté qui ne dure
Et nous fait rêver à la jeunesse éternelle.

C'est le sens de la corbeille de fleurs, chez Lan Ts'ai ho,
Qui est souvent représentée avec cet attribut si beau.
Pour mettre mieux en contraste sa propre immortalité
Avec l'éphémère briéveté
De la vie, de la beauté et des plaisirs
Qui dure jusqu'au moment de mourir.

Chez les Mayas, la fleur de frangipanier est un symbole de la fornication.
Elle peut représenter le soleil, en fonction
De la croyance à la hiérogamie fondamentale soleil-lune.
Elle fait courir l'homme et la femme nus sur des dunes.
Elle comporte cinq pétales, chiffre lunaire
Et n'en présente que quatre dans son glyphe, quatre étant le nombre solaire.

Dans la civilisation aztèque, les fleurs des jardins
Étaient non seulement un ornement
Posé sur chaque monument

Pour le plaisir des dieux aux sentiments humains
Et des hommes et une source d'inspiration, qui pour certains
Poètes et artistes qui caractérisaient de nombreux hiéroglyphes
Et des phases de l'histoire cosmogonique.

Alfonso Reyes a décrit le symbolisme des fleurs à partir des hiéroglyphes
Et des œuvres d'art du Mexique :
L'ère historique de l'arrivée des conquistadors au Mexique
Coïncide exactement avec cette pluie de fleurs
Qui tomba sur la tête des hommes
Comme,
À la fin du quatrième soleil cosmogonique.
La terre se vengeait de ses mesquineries antérieures
Et les hommes agitaient des bannières
De jubilation.
Une joie faite de lumière
Et d'excitation.

Dans les dessins du Codex Vativanus, elle est représentée
Par une figure triangulaire ornée
De torsades de plantes ; la déesse des amours licites,
Suspendue à un feston végétal
Le premier monde ancestral
Descend sur la Terre où les hommes habitent,
Tandis que tout en haut
Des graines éclatent, laissant tomber fleurs et fruits.
Un simple cadeau
Offert par la vie.
L'écriture hiéroglyphique
Nous offre les plus abondantes et les plus variées
Quelquefois issue d'un ultime secret

Des représentations artistiques
De la fleur,
De sa valeur.

Fleur était un des vingt signes du jour,
Le signe aussi du noble et du précieux
Pour peut-être rendre hommage à l'amour
En tout cas, rendre les êtres heureux.

Elle représentait encore les parfums et les boissons.
Elle surgissait du sang du sacrifice
Et couronnait le hiéroglyphe de la prière à chaque début de saison.
Cela faisait partie de l'office.

Les guirlandes, l'arbre, le maguey
Alternaient dans les désignations de lieux
Simples, sans eau, sans feu.
La fleur était peinte d'une manière estompée
Réduite à une stricte symétrie,
Vue tantôt de profil, tantôt par la bouche de la corolle
Sans jamais effacer l'harmonie
De ses fleurs en farandoles.

Pour la représentation de l'arbre, on usait aussi
D'un système défini :
Soit un tronc divisé en trois branches égales
Se terminant en touffes de feuilles fibreuses,
Soit en deux troncs divergeants qui se ramifiaient de manière symétrique.
Où toutes les parties étaient égales
Et chacune avec ses attraits magnifiques.
Ce sont des fleurs généreuses.

Dans les sculptures de glaise et de pierre
Il y a des fleurs isolées,
Sans feuilles, et des arbres fruitiers rayonnants.

Il règne toujours une certaine lumière
Une saveur, une fraîcheur, une beauté.
Des arbres qui vont toujours s'offrant.

Tantôt comme attributs de la diversité,
Tantôt comme ornements d'un personnage
Ou, comme décorations extérieures d'un ustensile.
Les fleurs embellissent les paysages
Et leur puissance n'ôte rien à leurs côtés fragiles.
Elles sont en tout point, semblable à une femme.
Mais ne résistent pas à la flamme.

De ce récit, comme des nombreuses images de fleurs
Dont est riche l'art mexicain
Il apparaît que les fleurs dans leur ampleur
Manifestent l'extrême diversité de l'univers.
La profusion et la noblesse des dons divins ;
Mais ce symbolisme d'ordre très divers
Était ici particulièrement lié
Au cours régulier
Du temps
Et avec les âges cosmogoniques
Il exprimait des phases particulières, comme prises sous un grand vent.
Dans les relations entre les hommes et les dieux et esprits magiques.
La fleur était comme une mesure de ces relations.
En tout cas une célébration.

Associées analogiquement aux papillons
Les fleurs représentent souvent les âmes des morts.
Avec leurs racines, elles plongent dans les tréfonds
Et reviennent jaillir à la lumière encore.

Ainsi la tradition mythologique grecque dit elle
Que Perséphone, future reine des enfers
Fut enlevée par Hadès l'immortel

Dans les plaines de Sicile, la belle terre.
Alors qu'elle jouait avec ses compagnes à cueillir des fleurs…
Hadès allait l'arracher à cet innocent bonheur.

La fleur se présente souvent comme une figure-archétype de l'âme,
Et associée à la femme
Un centre spirituel.
Sa signification se précise alors selon les couleurs qui révèlent
L'orientation des tendances psychiques :
À des liens cosmogoniques
Le jaune revêt un symbolisme solaire,
Le rouge un symbolisme sanguin,
Le bleu un symbole d'irréalité rêveuse.
Toutes ces couleurs primaires
Accompagnent les fleurs dans leurs beautés de chaque matin.
Elles sont simples, sans terminaison nerveuse.
Mais les tendances du psychisme se diversifient
À l'infini.

Les emplois allégoriques des fleurs sont également infinis :
Elles sont parmi les attributs du printemps, de la renaissance de la vie,
De l'aurore,
Parfois célèbrent la mort,
De la jeunesse,
De l'amour et de la tendresse,
De la rhétorique
De tous les instants magiques,
De la vertu,
Et dans certaines représentations, elles couvrent le nu.

Le chrysanthème

La disposition rayonnante et régulière
De ses pétales en fait un symbole essentiellement solaire,
Associé donc aux idées de longévité
Et même d'immortalité.
C'est pourquoi cette fleur est l'emblème de la maison impériale japonaise.
Le chrysanthème héraldique japonais a des nombres de pétales égaux à seize,
Ce qui superpose à l'image solaire
Celle d'une rose des vents, précise et extraordinaire,
Au centre de laquelle l'Empereur
Depuis sa demeure
Régit et résume les directions de l'espace.
Le chrysanthème a une présence tenace.

Du Japon à la Chine et au Viêt-nam
Plusieurs homophonies en font la flamme
Médiateur entre ciel et terre et l'associe
Aux notions d'harmonie,
Mais aussi aux notions de longévité et d'immortalité
Mais encore à celles de plénitude, de totalité.
Il devient ainsi symbole de perfection et donc de joie pour le regard.
Quelquefois les femmes s'en parent.

En Asie comme en Europe, il est par excellence
La fleur automnale ;
Et l'automne est en toutes circonstances
La saison de la vie paisible après l'achèvement des tâches pastorales
Des travaux des champs :
Là où la vie est régie par le temps.
C'est pourquoi le philosophe Tcheou T'ouen-yi
Y voit parmi les fleurs du commencement et du fini
Celle qui se cache et fuit le monde.
Suivant le soleil dans une courbe ronde.

Le poète So-kong Tou des T'ang[7] en fait l'emblême de la simplicité,
De la naturelle et discrète spontanéité
Des Taoïstes, ce qui n'est pas, en définitive très différent.

Il est épanoui, coloré, surprenant.
On lui fait une place de choix
Dans la maison pour insuffler de la joie.

Adulé, en Orient, le chrysanthème a su aussi
Se faire une place de choix dans nos intérieurs,
Car il est aussi particulièrement joli.
Il en impose avec ses fleurs
De toutes formes et déclinées dans une incroyable palette de couleurs.
Avec lui, on joue la carte de la créativité
On ose et on fait souffler
Un vent joyeux dans la maison.

En rubans, à capitules simples ou doubles, en pompons
Rouges, jaunes, oranges, blancs, roses pourpres, jamais noires
Le chrysanthème aime surprendre et attise tous les regards.

Son nom composé de mots grecs Chrysos et Anthenom
Signifie *fleur d'or*.
Enchante les Hommes,
Jadis, et encore.

Avant d'arriver en Europe, le chrysanthème a une existence de rêve en Orient
Jusque dans ses plus intimes moments
Dès le XVème siècle av. J.-.C. il est déjà un véritable objet de vénération.
En Chine, il est même réservé aux nobles qui sont,
À cette époque, les seuls à pouvoir exposer
Ces fleurs dans leurs intérieurs et de les planter

---

[7] Dynastie Tang 18 juin 618 au 1er juin 1907.

En tant qu'épices dans leurs jardins.
Il illustre de fines porcelaines, on le peint.

Aujourd'hui, il est toujours une plante adorée et adulée,
Symbole de longévité et d'immortalité.
Son aura a même dépassé les frontières chinoises pour s'étendre au Japon.
Ainsi on le retrouve au VIIIème siècle dans ce Nippon
Au pays du soleil levant
Dans cet Orient
Où il est proclamé par l'empereur, fleur nationale
Et inspirera le sceau impérial.
La monarchie est même connue sous le nom de *"trône du chrysanthème"*.

Le chrysanthème se sème
Aussi pour recouvrir les massifs et les tombes de nos pays occidentaux
Avec ses fleurs doubles ou simples aux coloris flamboyants et très beaux.

Dès le XVème siécle av. J.-.C. les nobles chinois sont les seuls personnages
Autorisés à utiliser cette fleur sacrée pour décorer tous leurs paysages
Ou la cultiver dans les jardins.
Et les caresser de leurs mains.

Ils l'honorent, la respectent, la vénèrent et la peignent fièrement
Sur les porcelaines fines et cloisonnées
Ainsi que sur les paravents.
Elle est une fleur sacrée.

Le Japon subit l'influence chinoise, en même temps
Allant jusqu'au pays du soleil levant.
Au VIIIème il déclare ainsi le chrysanthème *"fleur nationale"*
Et organise chaque année en son honneur
Le festival du bonheur.

Il est inscrit avec fierté sur le sceau royal
Quant à la monarchie, elle s'appelle de façon courante et normale
Tout simplement *"trône du chrysanthème."*

Consacrant aussi, tout ce qu'il sème.
Le chrysanthème symbolise longévité et immortalité
En référence à sa couleur solaire aux rayons déployés.

Chrysos-anthenom, en grec fleur d'or.
Le chrysanthème est bien une fleur en or,
Tant elle a de vertus simples et de floraisons généreuses
En durée et densité, elle voit se dérouler l'hiver
Où elle ne tremble ni sous la neige, ni en été, sous les averses orageuses.
Elle est une fleur de vie et de lumière.
Elle a peu de concurrence.
Elle accompagne les morts sans différence.

La fleur demeure depuis l'armistice de mille neuf cents dix huit,
La fleur choisie par plusieurs pays européens qui décore et habite
Les tombes des milliers de soldats
Précisément, le jour de la fête des morts, ce jour-là
Le jour de la Toussaint
Et rend honneur à tous les défunts.

Seul le chrysanthème blanc est utilisé en Chine pour la même occasion
Car il est associé au chagrin, à la mort et à la compassion.
C'est pour la fête des morts
Que l'Australie vend le plus de *"fleurs d'or"*.

Comme la capucine en Europe, le chrysanthème est non seulement
Une plante ornementale mais encore
Un condiment culinaire excellent à la saveur balsamique
Presqu'exclusivement asiatique.
Les Chinois savourent le thé doucement
Ils aiment le thé accompagné de feuilles ou de pétales de la fleur d'or.

L'hémérocalle

L'hémérocalle ou *Belle de Jour*,
Est un symbole de beauté fugitive, transcendant comme l'amour,
En raison tout à la fois de sa splendeur
Et de la faible durée de sa floraison.
Son épanouissement est sujet aux heures.

En Chine, sous le nom de huan, elle a la distinction
De pouvoir chasser les soucis.
La Belle de Jour s'épanouit au rythme de la vie.

La Belle de Jour est une plante annuelle diurne,
Sa "sœur" *la Belle de Nuit* est une plante nocturne.
Ses fleurs solitaires s'épanouissent le matin
À la levée du jour, et se ferment le soir quand vient...
La nuit, pour mourir et laisser place à de nouvelles.

Elle va aussi fleurir sans relâche et de plus belle
Depuis la fin du printemps annuel
Jusqu'en Septembre et assurer
Un spectacle tout au long de l'été.
De plus, cette plante docile, généreuse et colorée
Est facile à cultiver.

La couleur va du blanc au rose en passant par le bleu et le violet.
Le cœur, lui se colore en blanc, jaune et apporte encore plus d'éclat
À la floraison de toute beauté.

L'iris

Dans la mythologie grecque, Iris est messagère des dieux,
Et en particulier de Zeus et d'Héra, le couple victorieux.
Elle est le correspondant féminin d'Hermès
Comme lui, elle est ailée, rapide, légère, joyeuse et en liesse.
Elle porte des brodequins ailés
Et le caducée :
L'un des attributs du dieu Hermès ; il est présenté
Comme une baguette de laurier ou d'olivier
Surmontée de deux ailes et entourée
De deux serpents qui s'entrelacent.
Le caducée sert à guérir les morsures des serpents tenaces
C'est pourquoi il en est orné.
La baguette et le bâton sont les symboles de l'autorité,
De la puissance et de la dignité.

Elle est vêtue d'un voile couleur d'arc-en-ciel,
La liaison entre la terre et le ciel,
Entre les dieux et les hommes sur terre.
Le fait que les textes de la Théogonie d'Hésiode la présentèrent
Comme la fille de Thaumas et d'Électre a incliné
Certains interprétes à voir en elle le signifié
D'un fluide d'origine psychique.

Thaumas(en grec ancien Θαύμας) est un personnage mythologique
Il ne posséde pas de légende attitrée,
À la mythologie grecque sacrée
Mais appartient
Par sa généalogie,
Sa ligne de vie
À la branche importante des dieux marins.
Il est le fils de Gaïa et de Ponthos
Jusqu'au lointain père Ouranos,

Avec son épouse
Électre, fille d'Océan et de Téthys la douce
Il donna jour à la magnifique Iris, messagère d'Héra et aux Harpies,
Monstres hideux qui remplissent la vie
En effrayant et en infectant le monde.
À chaque seconde.
Ils ont une fille nommée Arcé
Qui avait des ailes, mais pas dorées
Comme celles d'Iris.

Elle préféra être du côté des titans, pour leur servir de messagère
Mais après la titanomachie elle connut la misère
Puisque Zeus lui arracha ses ailes
Si belles
Et les donna à Pelée et à Thétis
En cadeau de mariage officiel,
Qui à leur tour, les offrirent à Achille
Héros légendaire de la fameuse ville[8].

Électre est absente de Mycènes
Quand son père revient de la guerre de Troie, fatigué par la haine.
Il est assassiné par Égisthe, amant de sa mère.
Elle est la sœur d'Oreste qui met à l'œuvre sa vocation meurtrière.

À sa vingtième année, Oreste reçoit l'ordre de l'oracle
De retourner chez lui et d'affronter l'obstacle
De retourner chez lui et de venger la mort de son père.
Électre, sauveuse de son frère,
L'ayant caché à la vue des assassins
De son père, afin de lui épargner le même destin.

Oreste est poursuivi
Par les Érinyes,

---

[8] Troie.

Qui ont pour devoir de punir
Tout manquement à la piété familiale, car il a tué sa mère.
Comme Œdipe a tué son père
Électre ne faisant mourir
N'est pas inquiétée par les déesses
Justesse.

L'iris est une fleur du printemps
De lumière jusqu'au pays du soleil levant.
On lui confère au Japon, un rôle purificateur
Et protecteur.
Les feuilles d'iris sont placées dans les bains
Et sur les toits des maisons
Pour calmer les esprits malins
Et contre les influences pernicieuses et des incendies en toutes saisons.

Dans le même dessein,
La plante elle-même est parfois cultivée
Sur la toiture de chaume.
Il y a pour l'iris toute une destinée
Au service de l'homme.
Le cinq mai, les Japonais prennent un bain d'Iris
Et dans cet office
S'assurent toutes ses faveurs
De quiétude et de bonheur
Pendant l'année.
Apellée aussi orchidée du pauvre, l'iris est une fleur qui porte la félicité.
Elle symbolise la confiance, la sagesse
L'espoir et le courage avec beauté et finesse.
Cette fleur est le symbole même de la beauté.

Fleur, pourrait-on dire, première
Et qui éclôt, sur des eaux généralement stagnantes à coté des rivières,
Et troubles, avec une si sensuelle et souveraine perfection
Qu'on l'imagine aisément, in illo tempore[9]
Dans ce moment dédié
Comme la toute première apparition
De la vie, sur l'immensité neutre des eaux primordiales.
Le lotus s'installe.

Ainsi apparaît-elle dans l'iconographie égyptienne, la toute première
Après quoi le démiurge et le soleil jaillissent de son cœur ouvert.
La fleur de lotus est avant toute chose, le sexe, la vulve archétypale
Gage de la perpétuation des naissances
Et des renaissances.

De la Méditerranée à l'Inde et à la Chine natales,
Son importance symbolique, aux manifestations si variées
Vient, au profane, comme au sacré
De cette image fondamentale.

Le lotus bleu, qui était considéré
Comme le plus sacré
Au pays des Pharaons, offrait une senteur de vie divine
D'origine thermale et marine
Sur les parois des hypogées thébains[10]
On verra l'assemblée familiale des vivants et des défunts
Respirer gravement la fleur violacée,
En un geste où se mêlent la délectation et la magie de la Renaissance.
C'est un monde de beauté et de dignité,
Quelquefois même de connaissance.

---

[9] À ce moment là.
[10] Sépulture souterraine.

La littérature galante chinoise qui allie
Le goût de la métaphore et de la métonymie
Sans schisme
À un profond réalisme,
Emploie le mot lotus pour désigner expressément
La vulve, titre le plus honorant
Que l'on puisse donner à une courtisane est celui de lotus d'or,
Que l'on adore.

Cependant, les spiritualités indiennes ou bouddhiques
Interpréteront dans un sens moral et allégorique
Interpréteront dans un sens moral la couleur immaculée
Du lotus, s'ouvrant intact au-dessus de la souillure du monde.
"Comme un lotus pur, admirable, par les eaux n'est pas souillé,
Je ne suis pas souillé par le monde"[11].

Tcheou Touen-yi dans une connotation qui semble bisexuelle,
En tout cas hyper-sensuelle
Et donc totalisante, reprend la notion de pureté
Y ajoute celles de rectitude et de sobriété
Et en fait l'emblême du sage
Dont on peut imaginer le visage.

Plus généralement, l'idée de pureté étant constante
La fermeté, la prospérité luxuriante de la plante.
La postérité nombreuse l'harmonie conjugale
Le temps passé, présent et futur,
Les félicités qui perdurent
On rencontre ainsi en général
Les trois états de la plante

---

[11] Anguttaranikâya, 2, 39. Hélène Dubois-Aubin, *L'esprit des fleurs,* Édité chez Cheminements, 2002, 194 p., p. 19.

Bouton, fleur épanouie, graine,
Et finalement fleur souveraine.

Les grands livres de l'Inde font du lotus issu de l'obscurité
Et qui s'épanouit en pleine clarté
Le symbole de l'épanouissement spirituel,
Jusqu'à la connaissance universelle.

Les eaux étant l'image de l'indistinction primordiale
Le lotus figure la manifestation qui en émane, qui éclôt à sa surface initiale,
Comme l'Œuf du monde
Le lotus est une plante par définition féconde.

Le bouton fermé est d'ailleurs l'équivalent de cet œuf rond,
Dont la rupture correspond à l'ouverture de la fleur
C'est la réalisation des possibilités contenues dans le germe initial à l'heure,
Celle des possibilités de l'être, car le cœur est aussi un lotus clos
Ou profond.
Il est aussi beau.

C'est encore, puisque le lotus traditionnel a huit pétales
À la fois femelle et mâle
Comme l'espace a huit directions
Le symbole de l'harmonie cosmique
Ou plus simplement une fleur magique.

Cette fleur est différemment interprétée
Selon la tradition.
En Inde, il s'agit d'une plante sacrée.

Cette sacralité se retrouve aussi dans les cultures bouddhistes et égyptiennes.
Dans la culture indienne,
Le lotus est une fleur sacrée.

Cette fleur est la fleur nationale de l'Inde et du Viet-nâm.
Elle représente le parti indien dans toute son âme.

La fleur de lotus, dans certaines religions en Orient
Et encore maintenant
Constitue un symbole divin
Ouvrant un chemin.
C'est le cas dans la religion bouddhiste mais aussi dans le brahmanisme,
De façon générale l'hindouisme.
La fleur du lotus est souvent associée au dieu Vishnu
Cette religion est reconnue
Et Vishnu est représenté par un œil de lotus.

De même le Dieu Brahma est associé à la fleur de lotus.
Les déesses Sarasvaci et Lakshmi
Sont aussi associées à la fleur de lotus
À la vie.

L'histoire raconte également que cette fleur est utilisée par le dieu bouddha
Pour que ce dernier y pose ses pas
Lorsqu'il effectue un déplacement
Le vent a aussi sa place, certainement.

Le lotus se retrouve aussi fréquemment dans la culture indienne
Dans la cosmologie païenne,
Surtout en art dans les temples et sur les autels :
Culture et cosmologie très belles.

Il est également utilisé comme objet décoratif,
Particulièrement pour tout ce qui est festif.
Pour ce qui est de l'imagerie de la fleur,
Le lotus reste un symbole de puissance dans sa ferveur.
Il faut comprendre que cette dernière est très puissante.
En effet, c'est le lotus qui représente
Le trône des différentes divinités
Qui deviennent ainsi de réelles entités.

Le lotus est réalisé sous sa forme épanouie
Comme compréhension
De la signification.
Il est aussi un chemin vers la vie.
Cette dernière représente vraiment tout ce qui est pur,
Elle exulte dans toute sa nature.
Elle est alors le symbole de la pureté du corps
De la prospérité, mais encore
De la fertilité
De la longévité
De l'éternité de vie et de l'élévation
Dans son expression.

Ces symboles sont très forts et méritent d'être vénérés
Dans la culture indienne.
L'histoire dit également que la fleur de lotus est
Comme ce karma, cette force souveraine
Qui conduit à l'illumination et à l'éveil
Dans la contemplation de la merveille.

La fleur de lotus est aussi estimée
Dans la culture indienne de par sa position.
Elle est devenue également une solution
À la méditation.
Cette dernière est posée de sorte à cacher
Les pieds de la divinité
Qui est assise tel le bouddha
Et les pratiquants du yoga,
De manière symbolique
Qui n'hésitent pas à l'évoquer sur un plan cosmique.
Dans la culture indienne, certaines personnes portent le nom de lotus.
Ils sont aussi prometteurs que des fœtus.

Ce nom est traduit pour les hommes par kamal et par kamala,
Cela signifie en réalité une promesse bienveillante et en joie
Des divinités.

À New Delhi, un bâtiment est même consacré
À la représentation de la fleur,
Est un monument d'une grande splendeur.
Il s'agit de la représentation du grand architecte iranien : Fariborz Sahba.
Artiste connu tant dans le monde que là-bas
Ce bâtiment a été baptisé *"le temple du lotus"* et est ouvert
À tous, avec ou sans prières.
Pour toutes les religions
Sans distinction.
Cette œuvre incroyable a été inaugurée en mille neuf cents quatre vingt six.
Au Dieu Un, à l'unité de la Religion et de l'Humanité est voué l'édifice.

La fleur de lotus dans le bouddhisme représente la pureté de l'esprit,
Et du corps.
Cette fleur est souvent accueillie par l'eau boueuse et croupie.
Cette image du lotus renvoie à un désir charnel très fort.

Cette plante immaculée apparaît à la surface de l'eau
Cherchant la lumière pour être conduite très haut :
À l'élévation spirituelle
Vers le monde réel.

Dans le bouddhisme, la fleur de lotus est associée à Bouddha
Il est nommé Siddharta gautama[12]
Et à ses enseignements consacrés
Et à tous ses enseignements prodigués.

Pour le peuple oriental, il s'agit d'une fleur sacrée.
Selon la légende passée,

---

[12] Celui qui atteint son but.

La fleur de lotus a fleuri partout où le fils de Bouddha
Posa ses pas.

En littérature, la fleur de lotus signifie
L'élégance, la protection, la perfection dans le meilleur de toute vie.

Cette fleur est associée aux attributs féminins.
Pour les sciences, la fleur de lotus reste un mystère
D'ordre divin
Qui fait appel à la méditation plus qu'à la prière.
Elle ne saurait être caractérisée
Avec spécifité.

En yoga, la fleur de lotus est une posture de méditation.
Le lotus peut être blanc et profond.
Cette fleur signifie
La perfection de la pensée et de l'esprit.

Cette fleur, blanche est représentée par huit pétales en collerets.
Le lotus est la fleur sacrée.
Le lotus peut également être bleu avec une grande finesse
Cette couleur du lotus signifie la connaissance et la sagesse.
Il s'agit également de la couleur du triomphe : blanche
Même lorsqu'elle n'est que jonche étanche…
Cette interprétation est due au fait que c'est une fleur
Qui ne révèle jamais son intérieur
Car elle est toujours fermée
Révèle l'accomplissement personnel et la pureté.

Le lotus rouge désigne souvent le cœur
Et la nature de sa candeur.
La fleur de couleur rouge indique aussi la passion,
L'amour et la compassion.

C'est la couleur favorite pour effectuer une représentation du bouddha ;
Enfin, la fleur de lotus rose dans son éclat

Est la fleur la plus importante de tous les lotus.
Ce dernier est représentatif des divinités indiennes
Et de leurs habitus.

Dans la mythologie grecque ancienne
Les locophages étaient un peuple de l'Afrique du nord,
Ce peuple était connu pour son alimentation absolument pas carnivore.
Ce peuple était connu pour son alimentation bien particulière
Ils se nourrissaient de ces fleurs extraordinaires.

La particularité de ces fleurs est de provoquer une sorte d'amnésie
Ou encore de faciliter le sommeil.
Cette spécifité est illustrée dans l'Odyssée d'Homère, récit
Qui met en avant la metis d'Hercule qui veille.

En effet, trois hommes envoyés sur une île ont consommé
De la fleur de lotus et ont perdu la mémoire partiellement.
La plante ingérée
Provoque sommeil et oubli finalement.

C'est ainsi que cette plante a été reconnue
Pour mettre la mémoire de l'homme à l'abandon et à nu.
Ainsi beaucoup de personnes perçoivent la fleur éternelle
Comme un moyen de reconnaissance et de recommencement perpétuel.

Le lotus peut encore connaître de nombreuses interprétations
À travers le monde et les différentes religions.

L'île des lotophages est identifiée
Comme étant Djerba au sud de la Tunisie dès l'antiquité.
Les lotophages, comme l'indique leur nom
Sont des mangeurs de lotus, proches de l'addiction.

C'est une plante dont la consommation
A la propriété de faire oublier
Qui l'on est et d'où nous venons.

Les lotophages ont une vie de tranquillité.
Ces êtres ne vivent que de la cueillettes des fruits
Et mènent dans la plus grande simplicité leur vie.

Au cours de l'étape la plus importante de ses périples après les Cicones
Ulysse envoie deux personnes
En éclaireurs, non armés
Reconnaître les lieux.
Il leur adjoint un héraut, porteur d'un petit bâton qui va se diriger
Dans une grande tenue, vers eux.

Ce personnage a pour fonction diplomatique d'approcher
Le prince éventuel qui règne sur cette île de Méditerrannée
Et de lui faire connaître l'identité
Des nouveaux
Héros.

"Mais à peine en chemin mes envoyés
Se lient avec les lotophages [au lieu de guerroyer]
Leur servent du lotos
Or sitôt que l'un d'eux goûte à ces feuilles de miel
[Il oublie tout même qu'il a été un colosse]
Il ne veut plus rentrer, ni donner de nouvelles"[13].

Ulysse doit ramener de force ses compagnons
Sur le navire et rembarquer aussitôt, dans n'importe quelle condition.

Les lotophages offrent la délicieuse nourriture de l'oubli
C'est la première étape d'une épreuve existentielle,
Celle de la défaillance de la mémoire, totale et non partielle.
Voilà de la part des dieux, un nouveau jeu, un nouveau défi.

Celui qui absorbe le lotos cesse de vivre comme le font les communs des mortels
Avec en eux le souvenir du passé et la conscience de qui ils sont

---

[13] IX 91-95, Dans *l'Odyssée,* traduite par Victor Bérard.

Ils ne sont plus la proie des passions.
Sur le périple d'Ulysse pèse en effet le danger
De l'effacement du souvenir et de la perte de désir de retourner
Dans la patrie natale.

Pour être homme, il faut pouvoir surmonter l'oubli fatal
Se souvenir de soi et des autres.
Et pouvoir dire le nôtre, ou le vôtre.

L'épisode des lotophages apprend donc aux gens de mer
Le mystère de certaines terres
Qui écoutent le rhapsode que sur le rivage des Syrtes,
Peuplé de roses et de myrtes
Vit un peuple pacifique
Sans organisation politique,
Qui se nourrit de la cueillette et d'une plante
Aux propriétés émollientes.[14]

Là où il n'y a rien à piller,
Rien à échanger,
Pas de commerce à faire.
(Une simple terre)
Des navires en expédition
N'ont aucune raison
D'y stationner.
Ulysse s'empresse d'ailleurs de faire rembarquer ses gens
Et de quitter la terre à l'oubli latent.

Le lotus λωτός, lotos, en *grec* n'est pas une drogue, puisqu'Homère
N'emploie pas le mot phármakon.
Il s'agit bien d'une plante, ce n'est pas une fiction
Elle n'est pas imaginaire.
Et comme l'a démontré Alain Ballabriga,

---

[14] Doux.

Elle est une plante endémique, toujours là
Elle pousse sur la côte du Maroc jusqu'en Tunisie.
Elle existe bien encore aujourd'hui.

Cette plante aussi indienne est le symbole de l'harmonie universelle
On l'utilise aussi en ce sens dans le tracé de nombreux mandala et yantra.
Le mandala est une figure essentielle
Littéralement un cercle bien qu'il soit
Dans son dessin : complexe et souvent contenue dans une enceinte carrée :
Souvent un cercle entouré.

Comme le yantra moyen emblématique
Mais de façon moins schématique.

Le mandala est à la fois un résumé de la manifestation spatiale,
Une image du monde en même temps que la représentation finale
Et l'actualisation de puissances divines, c'est aussi
Une image psychagogique qui conduit
Celui qui la contemple à l'illumination
C'est aussi un parcours d'initiation.

Le mandala traditionnel hindou est la détermination,
Par le rite de l'orientation
De l'espace sacré central,
Horizontal, vertical, autre et diagonal
Que sont l'autel et le temple.
C'est le symbole spatial que l'on contemple
Depuis Purusha
Identifié à Vishnou, Brahma, Shiva et Durga.

De la présence divine au centre du monde
Qui la rend féconde.

Il se présente comme un carré subdivisé en carrés plus petits
Les plus simples sont à quatre ou neuf cases (dédiées à Prithivî)
Le(s) carré(s) élémentaires du centre sont le lieu de Brahma ;

Ils portent la chambre-matrice Garbhagriha :
La cella du temple.
Les rangées concentriques de carrés sont en relation
Dans une symétrie à la perfection
Avec les cycles solaires et lunaires.
Qui régissent le ciel, la terre et la mer.

Ce schéma peut être retrouvé en Inde, dans le plan des temples.
Le mandala tantrique dérive du même symbolisme peint ou dessiné
Il est utilisé
Comme support de méditation,
Tracé sur le sol pour les rites d'initiation.
Il s'agit essentiellement d'un carré orienté à quatre portes
Accompagné par l'escorte
Contenant cercles et lotus, peuplé d'images et de symboles divins.

L'orchidée

Dans l'antiquité chinoise, les orchidées sont associées aux fêtes du printemps
Elles sont utilisées pour l'expulsion des influences pernicieuses :
La stérilité étant le mal le plus grand.
L'orchidée, c'est l'orchis[15] et l'orkhis[16] : signifie *"testicules"*.
Comme son nom l'indique est un symbole de fécondation, de semeuse.

En Chine, toujours l'orchidée stimule
Elle favorise la génération et est un gage de paternité.

C'est aussi une fleur trouble, qui reprend ce qui a été donné,
La beauté de la fleur en fait cependant
Un symbole de perfection et de pureté spirituelles.
Ainsi la mort d'un enfant
Devient tout à fait accidentel.

---

[15] Du latin.
[16] Du grec.

La pivoine

Toujours en Chine, est un symbole de richesse et d'honneur
En raison de sa couleur rouge et du port de sa fleur.

Son nom *meoutan* en équivalence avec le chrysanthème japonais
Célébre avant tout la vie et devient un symbole d'immortalité :
Son nom chinois contient le mot tan
Qui désigne une drogue aux vertus d'éternité.
La pivoine exalte le temps.

Par suite d'une déformation langagière :
Rougir comme une pivoine
La fleur devient le symbole de la honte du fier
Sémantique patrimoine.

Elle fut jadis, une plante médicinale
Et fit naître beaucoup de superstitions,
Rapportées par Théophraste, jusqu'à la compilation fondamentale
Dans son œuvre : *"Cause des plantes"*[17] liées à différentes actions :
La chaleur, l'humidité, la sécheresse, les influences de la pluie,
La neige, les vents,

Elle célébre avant tout la vie ;
En équivalence avec le chrysanthème japonais d'antan.
C'est pourquoi l'on voit en elle, un symbole d'immortalité.
Meoutan, son nom chinois contient le mot *tan*,
Qui désigne une drogue aux vertus d'éternité.

---

[17] Thephrastus, Suzanne Amigues, Paul Bernard, *Recherches sur les plantes, à l'origine de la Botanique,* Éd. Belin, 2010, 413p.

Péon était l'un des plus anciens dieux grecs guérisseurs[18]
Il soigne et guérit Hadès[19] et Arès[20] de leurs erreurs
Stratégiques guerrières,
Ayant tendance à devenir meurtrières.

La pivoine herbacée était connue des Grecs, comme une plante médicinale,
Par les médecins Hippocrate et Dioscoride en général.

La pivoine était aussi une plante magique,
Dont la cueillette était entourée de nombreuses pratiques
Celles-ci déconcertantes pour l'homme moderne,
Ainsi Théophraste écrit :
"Cette plante que l'on appelle γλυκυσίδη / glukusidê, [consterne]
Doit être arrachée la nuit,
Si on l'arrache de jour, et que l'on est vu par un pivert en train de cueillir le fruit
On risque de perdre les yeux"[21].

La médecine grecque a été influencée par différents courants,
Certains cherchant des causes naturelles et même aux plus vieux
Phénomènes, tout en excluant
Toute intervention divine,
D'autres au contraire, soutenant
Qu'il existe des liens multiples entre les êtres,
Mis en relation les uns les autres avec des peut-être
Et que les plantes sont étroitement divines.

---

[18] En effet, il est mentionné dans les tablettes en linéaire B de Knossos en Crète.
[19] Au terme de la guerre contre les Titans, Hadès reçoit en partage les « ombres brumeuses » et réside avec elles dans les Enfers. Roi des morts, sa principale mission est d'empêcher ceux-ci de quitter les Enfers, car leur vue remplirait d'horreur les hommes comme les dieux.
[20] Arès (en grec ancien Ἄρης / *Árēs*) est le dieu de la guerre dans la religion grecque antique. Il est le fils de Zeus et de Héra. La mythologie grecque le met souvent en scène.
[21] Histoire des plantes, IX, 8, 6.

Les astrologues grecs affirmaient qu'il existait
Une parfaite unité du cosmos,
Se traduisant par une interdépendance entre les éléments qui le composent.

Ils décrivaient ainsi des "chaines" verticales
Reliant entre eux : divinité, pierre, animal
Plante, parties du corps
Et quelques mystères encore.

La plupart des textes astrologiques de l'Antiquité
Relient la pivoine à la lune sacrée
La pivoine croissait et diminuait selon les phases lunaires.
Elle avait la vertu de soigner les fièvres cycliques,
Les éruptions cutanées, et de hâter tel un processus magique
La cicatrisation des plaies et de leurs matières.

La pivoine mudan a été renseignée comme plante médicinale
Dans le premier traité de materia medica[22] chinois
Le Shén nóng bén cāo jing : traitant de drogues végétales, animales et minérales.

---

[22] Materia medica est un terme latin de l'histoire de la pharmacie désignant l'ensemble des connaissances recueillies sur les propriétés thérapeutiques de toute substance utilisée pour la guérison.

La rose

Belle dans sa forme et son parfum,
La rose est la fleur la plus évoquée en Occident.
Elle correspond au lotus d'orient[23]
L'un et l'autre étant très proches du symbole de la roue
Ce symbolisme floral est celui qui vient
De la manifestation, issue des eaux primordiales, de la boue
Au-dessus desquelles elle s'élève et s'épanouit.

Cet aspect se retrouve aussi en Inde, où la rose cosmique Triparasundarî
Sert de référence à la beauté de la Mère divine.

Elle désigne avec cette origine
Une perfection achevée, un accomplissement sans défaut.
Elle symbolise la coupe de vie : le très haut :
L'âme, le cœur, l'amour.
On peut la contempler comme un mandala
Et la considérer comme un centre mystique.

La rose est dans l'iconographie chrétienne toujours
La coupe qui recueille le sang du plus grand roi[24]
Soit le symbole des plaies du Christ, d'un point de vue catholique.

---

[23] D'Asie.
[24] Le Christ.

Un symbole rosicrucien figure cinq roses[25], peu importe la couleur
Une au centre et une sur chacun des bras de la Croix.
Ces images évoquent, soit le Graal, soit la rosée céleste du rachat et de son bonheur,

L'emblême des Rose-Croix place la rose au centre de la Croix :
À l'emplacement du cœur du dieu-roi[26].

Ce symbole est le même que la Rosa candida de la Divine Comédie
Elle évoque aussi la rose mystique des litanies chrétiennes,
Symbole de la Vierge-Marie.

Angelus Silesius fait de la rose l'image de l'âme, reine
Celle aussi du Christ, dont l'âme reçoit l'empreinte.

La rose d'or, autrefois bénie par le Pape[27] est sainte
Était un symbole de puissance et d'instruction spirituelles
Mais aussi, sans doute un symbole de résurrection et de vie éternelle.

---

[25] Au début du XVIIème siècle paraissent en Allemagne les manifestes de la fraternité de la Rose-Croix. La Rose-Croix y est présentée comme un ordre secret qui aurait été fondé au XVème siècle par un personnage mythique, Christian Rosenkreutz. L'histoire relate que 120 ans après la mort du fondateur de l'ordre, les Frères de la troisième génération, refaisant en « *bons architectes* » la maçonnerie de leur « *maison* », redécouvrent son tombeau. L'inscription « *Post 120 annos patebo* » (« *après 120 ans, je m'ouvrirai* ») indique que cette découverte apparemment fortuite avait été prévue. Dans ce « temple-tombe », illuminé « par un autre soleil », se trouve le corps intact de C.R.C. tenant dans ses mains un petit livre d'or, intitulé Livre T. L'autel circulaire est entouré de formules de sagesse et d'axiomes comme « Nequaquam vacuum (« nulle part n'est le vide » en latin) ». Les frères décident alors de révéler au monde cette sagesse chrétienne censée réconcilier les connaissances du passé et celles de l'avenir, et proposer une réforme universelle des sciences, de l'art et de la religion. Ils expliqueront les 37 raisons de cette décision dans une Confessio, et promettent plus d'or « que le roi d'Espagne n'en peut rapporter des deux Indes ». La Fama Fraternitatis, qui devait être écrite en cinq langues, invite les sages, savants et chefs de l'Europe intéressés par cette offre à se faire connaître de quelque manière « et en quelque langue que ce soit ».
[26] Jésus.
[27] Le quatrième dimanche de Carême.

48

En mystique musulmane : Saadi de Chinaz, pour qui le Jardin des Roses
Est celui de la contemplation :
"J'irai cueillir les roses
Du jardin, mais le parfum du rosier [si profond]
M'a enivré"[28].

Langage que la mystique chrétienne accepterait
En commentaire du Cantique des Cantiques sur la rose de Saron[29].

La rose, dans sa vision
De sang répandu,
Paraît souvent être le symbole d'une renaissance mystique
Nouvelle vie mystérieuse, magique,
Mise à nue.

"Sur le champ de bataille où sont tombés de nombreux héros,
Poussent des rosiers et des églantiers [tous aussi beaux]…
Des roses et des anémones sont sorties
Du sang d'Adonis tandis que ce jeune dieu agonisait [entre la mort et la vie]".

"Il faut, que la vie humaine se consume complètement
Pour épuiser toutes les possibilités de création
Ou de manifestation,
Vient-elle à être interrompue brusquement,

---

[28] Saadi, Omar Ali Shah, *Le jardin de roses*, chez Albin Michel 2014, 256 p.

[29] La rose, blanche, rose ou rouge, par sa couleur symbolise le Mystère de l'Incarnation ; *Rosa sine spina*, Rose sans épines, expression employée par saint Bernard puis par des poètes et des musiciens, comme *Flos florum*, fleur entre les fleurs, avait un sens théologique précis qui, après des siècles, aboutit au dogme catholique de l'Immaculée Conception. *Flos Florum*, elle seule selon le dogme de l'Assomption est au Ciel avec son Corps mystique, ou glorieux, Fleur mystique parmi les fleurs du Paradis. *Flos Carmeli*, Fleur du Carmel évoque les liens de la Vierge Marie avec la Mystique : Rose de Saron, rose du Carmel, les fiançailles, les Noces de Dieu avec l'Église et la Vierge Marie.

Par une mort violente, elle tente de se prolonger
Sous une autre forme : plante, fleur, fruit [dans une vie renouvelée]"[30].

Les cicatrices sont comparées à des roses par Abd Ul Kadir Gilani,
Qui attribue à ces roses un sens mystique.
Selon F. Portal, la rose et la couleur rose sont unies
Et constituent un symbole de régénération
Du fait de la parenté sémantique
Du latin rosa avec ros, la pluie, la rosée, en comparaison.

"La rose et sa couleur, étaient les symboles du premier degré de régénération
Et, aux mystères d'initiation...
L'âne d'Apulée recouvre la forme humaine
[C'est une renaissance soudaine]
En mangeant une couronne de roses vermeilles
Que lui présente le grand prêtre d'Isis, [responsable de son éveil].
Le rosier est l'image du régénéré,
Comme la rosée est le symbole de la régénération manifestée"[31].

Et la rose, dans les textes sacrés, accompagne souvent le vert.
Ainsi dans l'Ecclésiaste, un nouvel amalgame est découvert :
"J'ai grandi... comme les plants de roses de Jéricho,
Comme un olivier magnifique dans la plaine [si beau...]".

L'olivier était consacrée à Athéna,
Qui naquit à Rhodes, l'île des roses dans tout son éclat.
Les rosiers étaient consacrés à Aphrodite également.
La rose était chez les Grecs une fleur blanche, et de fait, étonnament
Lorsque Adonis[32] fut blessé à mort,
La déesse courut vers lui, se piqua à une épine
Et le sang colora les roses qui lui étaient consacrées

---

[30] Hélène Dubois Aubin, *L'esprit des fleurs*, Édité chez Cheminements, 2002, p.53.
[31].Frédéric de Portal, Des couleurs symboliques dans l'Antiquité, le moyen-âge et les temps modernes, Éd. Treuttel et Würtz, 1857, 312p.
[32] Dans la mythologie grecque, Adonis était un jeune homme dont s'éprit Aphrodite.

Ainsi que sa parure d'hermine.
Car les Dieux ont du sang encore dans leur corps.

Un jour Adonis, qui parcourait la forêt pour chasser,
Fut mortellement blessé à la jambe par le sanglier qu'il avait touché.

Une goutte de sang tomba par terre
Et Aphrodite versa sur cette goutte de sang, une larme amère.

Il existe trois versions différentes quant à l'instigateur de ce drame,
Dans laquelle la déesse Aphrodite se fit d'abord femme.

Certains mythes affirment qu'Arès,
L'amant officiel de la déesse
Ne supportait pas d'être délaissé au profit d'un être différent de lui,
Fou de jalousie,
Il décida de reconquérir la déesse de l'amour
En chassant Adonis de la lumière du jour
Qu'il fit tuer par un sanglier.

D'autres ont affirmé
Qu'Apollon[33] fut à l'origine de cette mort :
Furieux contre Aphrodite qui avait rendu aveugle son fils Érymanthe
Pour l'avoir surprise dans son bain et ainsi découvert son corps.
Apollon aurait arraché Adonis à son amante.

Dans une autre version, c'est Artémis, peut-être jalouse de son habilité[34]
Qui lança contre lui un terrible sanglier.

Pour les Grecs antiques, la rosée est née du sang d'Adonis et des pleurs
Que versa Aphrodite sur son amant et son malheur.

Aphrodite émit alors un magnifique discours
Dans lequel transparaît tout son amour :

---

[33] Dieu des arts et de la divination entre autre.
[34] De chasseur.

"Non, dit-elle, tout ne sera pourtant pas soumis à votre loi,
[Mon amour est plus fort que tout cela]
Il subsistera à jamais un souvenir de ma douleur,
Ô mon Adonis, la scène de ta mort [en mon cœur]
Périodiquement représentée [à travers les saisons]
Rappellera chaque année mes lamentations ;
Et puis ton sang sera changé en fleur"[35].

Puis, en larmes, elle alla trouver Zeus et osa demander
Qu'Adonis ne fût pas contraint de passer
Plus de la moitié sombre de l'année
Avec Perséphone et pût être son compagnon durant les mois d'été.

C'est ce symbole de régénération qui fait que, depuis l'Antiquité
On dépose des roses sur les tombes.
Ce rituel devient sacré
Et dans le ciel Grec rempli de palombes
Les anciens… nommaient cette cérémonie rosalis
En commémoration du bel Adonis ;
Tous les ans, au mois de mai,
Ils offraient aux mânes des défunts des mets de roses colorées.

Et Hécate, déesse des Enfers, était parfois représentée
La tête ceinte d'une guirlande de roses à cinq feuilles.
Pour qui la vie était un perpétuel deuil.

On sait que le nombre cinq, succédant au quatre, nombre à part
Nombre d'accomplissement, marque le départ
D'un nouveau cycle de cette histoire.

---

[35] Université catholique de Louvain, *Les Adonies d'Antioche au IVème siècle par Jean-François Vieslet.* Cet article est la version retravaillée d'un chapitre du mémoire de licence de l'auteur, rédigé sous la direction du Prof. Françoise Van Haeperen et intitulé *Les fastes d'Antioche et le crépuscule du paganisme. Anayse des fêtes païennes d'Antioche au IVème s. ap. J.-C.* (Louvain-la-Neuve, année académique 2004-2005, 162 p.).

Au septième siècle, selon Bède, le tombeau de Jésus-Christ
Était peint d'une couleur mélangée de rouge et de blanc,
Probablement par le sacriste.

On retrouve ces deux éléments composants
De la couleur rose, le rouge et le blanc,
Avec leur valeur symbolique traditionnelle[36],
Du profane au sacré,
Dans la différence accordée de façon officielle
Aux offrandes de roses blanches et de roses rouges en pleine beauté.
Ainsi que dans la différence entre les notions de passion et de pureté
Et celles d'amour transcendant et de sagesse divine,
Pour retrouver toutes les origines.

Aux armes des religieuses, dit le Palais de l'Honneur,
L'on met une couronne composée de ces fleurs :
Composée de branches de rosiers blancs avec leurs feuilles, leurs roses et leurs épines
Qui dénotent la chasteté
Qu'elles ont conservée
Parmi les mortifications de la vie et les épines.

La rose est devenue un symbole de l'amour
Et plus encore du don de l'amour pur…
Qui dure et perdure.

La rose comme fleur d'amour
Remplace le narcisse grec et le lotus égyptien ;
Les trois montent dans la lumière du jour.
Ce ne sont pas les roses frivoles de Catulle, amant fougueux et incertain.

Mais les roses celtiques, vivaces et fières,
Non dépourvues d'épines et lourdes d'un sens primaire :
Celle du Roman de la Rose, dont Jean de Meung et Guillame de Lorris
Rajoutent au mythe d'Adonis

----

[36] Sur tous les plans.

Et font le mystérieux tabernacle du Jardin d'Amour de la Chevalerie,
Rosa mystica des litanies de la Vierge Marie,
Roses d'or que les Papes donneront aux princesses méritantes,
Enfin l'immense fleur symbolique irradiante
Que Béatrice montre à son ami fidèle[37]
Parvenu au dernier cercle du Paradis, rose et rosace à la fois
Mais, toujours divinement belle.

L'amour paradisiaque sera comparé par Dante au centre de la rose :
Au centre d'or de la rose éternelle, qui explose
Se dilate et va de degré en degré,
Et qui exhale un parfum de louange au soleil toujours printanier.

Blanche ou rouge, la rose est une des fleurs préférées des alchimistes
Dont les traités consistent
En rosiers des philosophes
En serments des théosophes.

La rose blanche comme le lis fut liée à la pierre au blanc,
L'œuvre au blanc.
Alchimie des couleurs
But du petit œuvre,
Tandis que la rose rouge
Fut associée à la pierre au rouge,
But du grand œuvre.

La plupart de ces roses ont sept pétales
Dont chacun évoque un métal
Ou une opération de l'œuvre.

Une rose bleue serait le symbole de l'impossible.

---

[37] Dante Alighieri.

La femme et les fleurs

La femme lorsqu'elle est aimée
Reçoit des fleurs.
Cela fait partie des secrets
Intimes de son bonheur,

Geste de démonstration amoureuse,
La femme est alors, flattée souvent heureuse.
Vertige d'émotions qui s'en suit
L'homme et la femme s'unissent dans cet instant ébloui :
La beauté de la fleur,
Sa couleur,
Sa senteur,
Son velours
Se mêle au langage de l'amour.

L'amoureux offre courageusement la fleur
Au sein de laquelle bat son cœur,
À la femme aimée
Celle-ci est alors exaltée
Ouverte,
Parfois offerte
Mais peut-être discrète,
Mais peut-être inquiète.
Qui sait ?

Cupidon n'a pas de lois, mais des outils
Dont la fleur fait partie.
Elle n'a besoin que d'eau et de lumière
Et la femme n'a besoin que de la présence princière
De l'homme qu'elle espère :
Sentir son odeur, ses vibrations
Oser lui offrir ses frissons.

La fleur est une clé qui ouvre les portes de l'amour
Elle illumine le jour,
Elle propose le dilemne : accepter ou refuser
L'amour, ainsi livré.

Parfois l'émotion est si intense
Que la magie s'amplifie
Alors, peut-être les amants vont-ils entrer dans une danse
Pour mieux jouir de cette part de vie,
Qui les remplit.

Mais la rose a des épines,
Et la passion qui devient sanguine
Entraînent les amants dans un jardin
De félicité, de plaisirs, de désirs et… , parfois de terribles chagrins.

Alors la fleur prend la parole et dit ; "*Pardon*".
Toutes les femmes méritent des fleurs
Elle est la plus belle expression
D'un amour qui se fait vie et meurt
Dans l'attente d'un geste, d'une parole consacrée
À ce qui s'appelle pour l'un ou pour l'autre la beauté.

La fleur vient de sa main
Et va jusqu'à sa main.

La fleur fige le temps
Dans un très bel instant,
Dans une tension sensuelle
Dans quelques vibrations corporelles :
La femme qui reçoit des fleurs
Est mise à l'honneur,
Elle devient pour une nuitée d'instant
Le rêve d'un nouveau printemps.

Oser la fleur,
C'est oser tout l'épanchement de son cœur.
Parfois, elle remplace tous les discours
Et provoque les gestes de l'amour.

Et les fleurs ont un langage qui n'est pas toujours compris :
Le chrysanthème évoque la positivité, la constance dans l'amour, la vérité,
L'hémérocalle bleue : la persévérance dans les sentiments réunis,
L'hémérocalle jaune comme une initiation à l'adultère consommé,
L'iris, un événement festif, une bonne nouvelle à venir,
Le lotus un amour brouillé ou une spiritualité dans le désir,
L'orchidée : la fécondité, la spiritualité, le raffinement, le mystère, la ferveur
La pivoine, est la régénération ou la sincérité des sentiments, un bonheur
La pivoine rouge l'amour sincère ou la confusion des sentiments,
Puis, plus franchement :
La rose blanche : l'amour timide, le charme, l'innocence,
La rose rose : la tendresse, la joie, la bienveillance
La rose rouge est une déclaration d'amour : la volupté, la passion,
La rose orange, le désir, le monde des émotions
Enfin, la rose jaune la jalousie, l'infidélité, pardonnée éventuellement.
La fleur est alors, le reflet de la vie des amants.

Voilà tout ce que les fleurs peuvent évoquer
Pour signifier l'amour éprouvé
Pour une femme.
Oui, les fleurs ont une âme.

Table des matières

La Licorne et les Fleurs 7

Le chrysanthème 19

L'hémérocalle 23

L'iris 25

Le lotus 29

L'orchidée 41

La pivoine 43

La rose 47

La femme et les fleurs 55